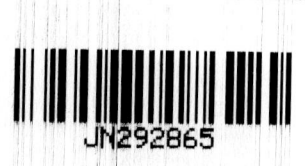

STARMAP
GEMINI

双子座の君へ

Never stop, keep rolling!

鏡リュウジ
Ryuji Kagami

sanctuary books

もう気づいてる？
あなたのなかにいる、
もうひとりのあなたに。

さあ、翼を広げて。
飛び立つ時間だ。

双子座のあなたには翼がある。
軽やかで、何にも染まらない真っ白な翼。
どこにだって、今すぐ、飛んでゆける。

大丈夫。怖くなんかない。
あなたがはばたくイメージを
リアルに丁寧に描いてゆけ。

どの風に乗れば、知らない場所へ行ける？
おもしろいことがありそうな方角はどっち？
どの風に乗るのが、いちばん刺激的？
どこに着地すれば、新しい人と出会える？

そして、もうひとりの自分はどこに？

鳥のように世界を眺め、見つける。
誰も知らない角度。考えてもみなかった視点。
双子座の可能性は、そこにある。

何かになりたい。何にもなりたくない。
夢はたくさんあるようで。
ひとつもない気もする。
あなたのなかにいる「2人の自分」。
心は2人のあいだを行ったり来たり。
定まらない。とどまらない。
それが、あなたの力になる。

まるで自由じゃないか。
風のような、あなた。

どこにだって行けるし、
どこにもとどまらなくていい。

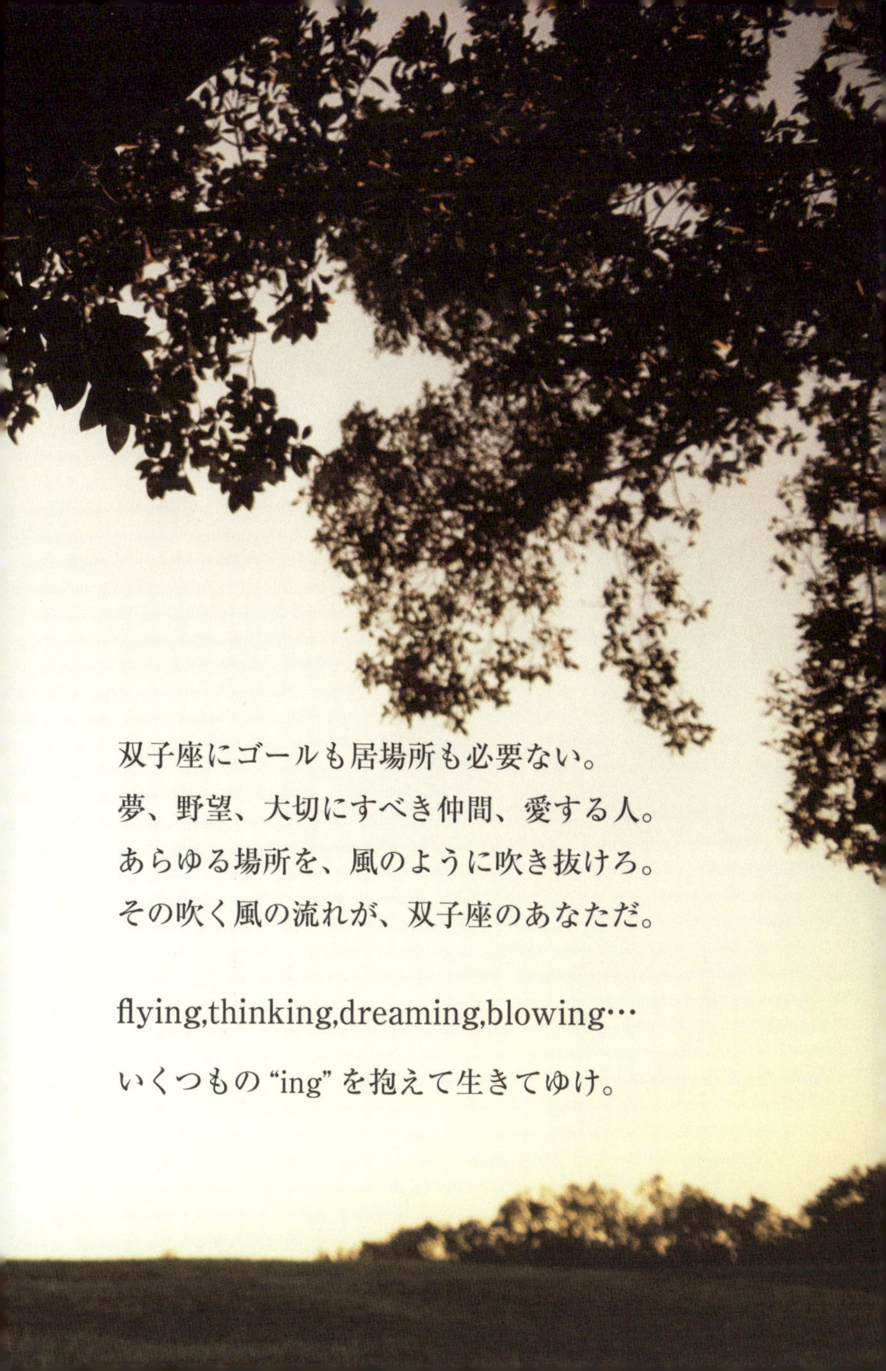

双子座にゴールも居場所も必要ない。
夢、野望、大切にすべき仲間、愛する人。
あらゆる場所を、風のように吹き抜けろ。
その吹く風の流れが、双子座のあなただ。

flying,thinking,dreaming,blowing…

いくつもの “ing” を抱えて生きてゆけ。

新しいものから、より新しいものへ。
おもしろいものから、次のおもしろいものへ。
双子座はいつも飛び回り続けている。
どこにもとどまらず、何にも染まらず、
好奇心のおもむくままに。
そして、自分のなかの、
もうひとりの新しい自分に出会うだろう。
双子座に、たったひとつの自分らしさなんて
似合わない。
立ち止まらないで。
さあ、次へ行こう。
双子座のあなたが、
たくさんの新しい自分に出会うための
31のメッセージを贈ります。

双子座のあなたが、

もっと自由に
もっと自分らしく生きるために。

Ⅱ STARMAP GEMINI

CONTENTS

STARMAP
GEMINI

やりたいことは何か?
やる気を出すには?

【夢／目標／やる気】

あなたの夢は何か？
やりたいことが見つからないときは？
あなたのアンテナを刺激するものは何か？
双子座のあなたが、向かうべき方向はどこだ。

STARMAP
GEMINI

1

ミーハー力を鍛えよう

ミーハー。あなたはそんなふうに言われたことがないだろうか。
それはたぶん、あなたが情報伝達の神・ヘルメスを守護星にもつ双子座だから。双子座は情報への感度が高く好奇心が強いぶん、流行りものが大好きで、いろんなものに首をつっこみたがる。新しいものに目がなくて、1つのことを極める前に、次の新しいものに目移りしてしまう。
でも、ミーハーであることは欠点じゃない。あなたは自分が何をやっても中途半端で軽すぎるとコンプレックスを抱いているかもしれないけれど、ミーハーであることは大きな武器になる。
柔軟で1つのことにこだわらないから、大きな変化にも対応できる。新しいものが大好きだから未知の技術や新しいトレンドもすぐ吸収して、乗っかることができる。情報への感度が高いから、変化を先取りしていち早く対応策を考えることができる。
これからは、1つのことをつきつめる専門家より、変化を恐れないミーハーが力を発揮できる時代なんだ。
だから、あなたはミーハー力をもっともっと鍛えよう。
方法は簡単だ。新しくオープンしたお店に出かける。最新のスマホを手に入れる。話題の映画を観に行く。流行のファッションをいち早く取り入れる。ブレイクしそうなアーティストをチェックする。そうやって新しいものを追いかければいい。
そして、質より量でいろんなことに手を出そう。
あなたには深さなんて必要ない。翼をもっともっと軽くすること。新しいものからもっと新しいものへ、おもしろいものからもっとおもしろいものへと自由に飛び回ること。
そうすれば、きっといい風にめぐりあえる。そして、あなたを今よりずっと高い場所に運んでくれる。

STARMAP
GEMINI

2

夢や目標を
かけもちしよう

いろんなことに興味があって1つに絞れない。新しいことに興味がわくと、それまで取り組んでいたことを捨ててしまう。

そんなあなたは、もしかして、夢は1つであるべきと思い込んでいないだろうか。

「かけもちしちゃダメ」とか、「ひとつのことをちゃんとやらなきゃ」と多くの人は言う。すべて中途半端になって、成長できない、と。

でも、双子座は少しちがう。いろんなことを少しずつかじってもいいし、やりたいことがあったら全部やればいい。

やりたいことが3つあれば3つ、5つあれば5つやればいい。

双子座には、複数のことを同時にできるチャンネルがある。切り替えがうまいから、むしろ1つだけやるよりも効率がいい。

1つのことだけをずっとやっていると集中力が持続しないけれど、複数のことなら短時間ですごく集中できるし、飽きないから、長く続けられる。

いざとなったら別のものがあるという感覚があると、気楽な気持ちで取り組めるから、斬新なアイデアが浮かんでくる。

しかも、それらは一見バラバラにやっているように見えるけど、あなた自身のなかで混ざり合って、刺激し合って、あなたを成長させる。異質なものを組み合わせるからこそ、さらに強化されることもある。

それに、結果よりもプロセスを楽しむあなたは、いざ夢や目標が叶いそうになるとやる気や興味をなくしてしまうことがある。

でも、夢や目標をいくつもかけもちしていれば、たとえ1つの目標を達成しても、まだまだ追いかけるべき夢がある。

いくつも夢をかけもちすることで、常に全力で進んでいける。

STARMAP
GEMINI

3

観察する機会を増やす

人と一緒に何かを見て、感想を語り合ったとき、「そんなところ見てたの !?」と驚かれた経験が、あなたにはきっとあるはずだ。
そう。他の人が見えていないものを双子座は見ることができる。
多くの人が気づいてないようなことに、気づくことができる。人とは全く違う角度から何かを見つけ出す観察力が、あなたにはある。
だから、やりたいことが見つからないとき、なんとなくやる気がでないときは、観察する機会を増やしてみたらいい。
たとえば、カフェや居酒屋などに出かけて、そこに集まるいろんな人を観察する。旅をして、新しい風景に出会う。街やショッピングモールを歩いて、看板やショーウインドウを眺める。電車の中の広告を片っ端からチェックする。イベントや飲み会、パーティに参加する、映画や演劇、アートを鑑賞するのもいいだろう。
深く考える必要はない。いろんなものをただ眺めているだけで、あなたの頭の中にはどんどん新鮮な情報が入ってくる。しかも、感度の高いあなたはちょっとした情報にも刺激を得ることができる。
みんながスルーしてしまうようなことにも反応して、それがきっかけになってやりたいことが見えてくる。やる気がでないときも、観察を続けていれば、自然とモチベーションがわいてくる。
さあ、机の前で考えるのをやめて、いろんなものを観察しにでかけよう。あなたはきっと、夢への入り口を見つけることができる。

STARMAP
GEMINI

4

自分の戦闘能力を分析しよう

双子座の作家コナン・ドイルが生み出した名探偵、シャーロック・ホームズ。思考を司る星のもとに生まれたあなたにも、実はこのホームズと同じような力がある。目の前で起きていることを冷静に観察し、さまざまな情報を客観的・多角的に分析して、課題を解決する力。

だったら、夢や目標に近づくために、この力を使えばいい。冷静な双子座はやみくもな情熱をもつのが苦手で、なかなか夢に向き合えない。だったら、具体的な根拠をつくりだせばいい。

夢を実現するために必要な能力や特性を洗い出して、それぞれの自分がどれくらいのレベルにあるか、を客観的に分析する。

カードゲームのように、項目別に自分の戦闘能力を数値化してもいい。頭の中に六角形のバランスシートをつくるのもありかもしれない。

そのうえで、どの部分が通用してどこが通用しないか、夢や目標とのマッチングを考える。

客観的で合理的なあなただから、その判断を見誤ることはない。

すべての項目が必要な能力をクリアしていると判断したことは、必ず成功する。

1つや2つ劣っていることがあっても、それを補う方法を考えればいいだけ。

逆に秀でている部分があるなら、それを武器に戦略を立てよう。

合理的な根拠や勝算、戦略を見出すことができさえすれば、あなたのモチベーションはどんどん高まっていくはずだ。

STARMAP
GEMINI

5

目標を言葉にしてみよう

器用な双子座は、何をやってもそれなりにこなせてしまう。
でも、だからこそ何でもそこそこでいいと思っていないだろうか。
自分を客観的に見る力が高いあまり、自分には無理だと思うことにわざわざ挑戦しない。
そんなふうに無理をしないようにしているので、どうしても最後の詰めや粘りが甘くなってしまう。
もう1歩踏み込めば大成功できるかもしれないのに、その手前で満足してしまったり。
本当は力があるのに、勝負に負けるのが嫌で勝負することから逃げてしまったり。
そんなあなただから、夢や目標はあえて言葉にするようにして。
そうすればそのうちやる気が出るなんてことを言いたいわけではない。
論理的な双子座は、あいまいな自己暗示などにはかからない。
言葉にすることで、あいまいだったイメージが明確で具体的なものになる。
ゴールを言語化することで、夢や目標も攻略すべきゲームにしてしまうのだ。
そうすれば、あなたの頭にはいくつもの攻略法が浮かび上がってくるはず。

STARMAP
GEMINI

WORDS

何かに乗っかってるときは、
いまやってることを
楽しむことが大事。

ジョニー・デップ　俳優
1963/6/9 生まれ

「CELEB QUOTE」より

♊
STARMAP
GEMINI

WORDS

たとえ百人の専門家が、
「あなたには才能がない」
と言ったとしても、
その人たち全員が
間違っているかも
しれないじゃないですか。

マリリン・モンロー　女優
1926/6/1 生まれ

「Everything about MM」より

STARMAP
GEMINI

あなたがもっとも輝くときは?

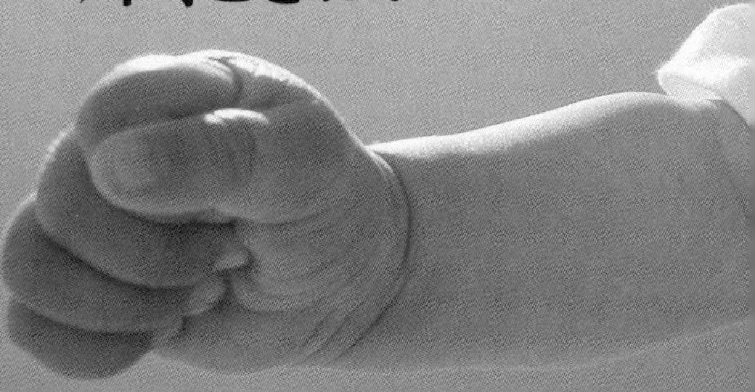

【仕事／役割／長所】

あなたに備えられた才能はなんだろうか？
あなたがもっとも力を発揮できるのはどんな場所？
あなたが世界に対して果たす役割は何か？
双子座のあなたが、もっとも輝くために。

STARMAP
GEMINI

6

変化をつくりだせ

翼の生えた靴をはく双子座の守護神ヘルメスは、退屈が大嫌い。
飽きっぽくて、変化の多いことが大好きな双子座のあなた。
だから、あなたは変化のある状況でこそ力を発揮する。
多くの人はめまぐるしい動きに対応できないが、あなたなら新しい技術、製品、ライバルが出てくるような業界でも柔軟に対応することができる。
今の変化の大きな時代にとって、それはまさにうってつけの力。
しかし、仕事ではときに１つのことを続けなければならない局面もある。
飽きっぽいあなたにとって、それはとても退屈に感じられるだろう。
そんなときは、自ら変化をつけてみよう。
アプローチを変えたり、役割を変えたり。
これまでリーダーだったなら、あえて誰かの下について支えてみる。
プロデューサー視点で見ていたものをエンジニアやバイヤーの視点に変えてみる。
やることを変えなくても、いつもなら朝やることを夜やってみたり、作業する場所を変えてみたり。
そうやって味付けを変え、アプローチを変えることで、大きなこともやり遂げられる。

STARMAP
GEMINI

7

自由なチームで、
自由に動く

まるでピーターパンのように、遊ぶように飛び回る。
双子座がそんなふうに自由気ままに振舞うのは、風の星のもとに生まれたから。
アイデアも行動力もコミュニケーション能力も抜群で、社会でも大きな力を発揮できる。
でも、追い詰められたりあなたが全責任を負うような立場になると、たちまちその良さが消えてしまう。
何も双子座が無責任だと言っているのではない。
あなたは、自由に羽ばたけるポジションでこそ輝けるのだ。
それでも自分がリーダーに選ばれたときは、そのチームを決して固定化しないことが大切。
プロジェクトごとにメンバーを入れ替えて結成と解散を繰り返す。
ウェットな人間関係や深い信頼関係よりも、プロジェクトに見合ったメンバーと協力し、終わったら解散する。
そんなドライな関係の方が、あなたには合っている。
変化を好む双子座は、常にちがう人と仕事をすることでいろんな刺激を受けて成長できる。
刺激を求めて自由に動き回り、いろんな人と出会うことが成功の鍵だ。

8

すでにあるものを
変身させる

鋭い観察力を持っている双子座のあなた。
だから、人が気づかないようないいところ、おもしろいことを見つけ出すのが得意。
普段はあまり目立たない人の特徴や良さを見抜き、思わぬあだ名をつけてクラスの人気者にしてしまう。
商品は同じなのにまったく違う視点からキャッチフレーズをつけたり、パッケージを新しくして売り出してみる。
太宰治の名作にマンガのイラストをつけたり、CD に握手券をつけたり。
本来の用途とは別のまったく新しい使い方を見出すことも。
健康とコーラ。猫とカフェ。ドラッカーのマネジメントと女子高生。三味線とロック。こんなふうに、意外なものを組み合わせることで新しいビジネスにも活かしていく。
すでにあるものの中から、誰も気づいてなかった良さを引き出してきて掛け合わせてみる。
ゼロから何かを考えて生み出すよりも、その観察力を活かしたほうがいい。
あなたなら、そこに隠された魅力に気づけるはず。

STARMAP
GEMINI

9

頭のなかに地図をつくろう

鳥のように、遥か上空から全体を見渡すことのできる双子座。
優れたサッカー選手なら、ピッチにいながらどの選手がどこにいて、どうパスを出せばいいか瞬時にわかるというが、あなたにも同じような能力が備わっている。
プロジェクトにおいても全体を俯瞰で見て、今どんな状況で自分は何をすべきか。今考えている企画やアイデアを、どう打ち出せばヒットするかがわかる。
その才能を磨いてゆけば、いつの間にか頭の中に詳細な地図を描けるようになるはず。
自分のやりたいことがわからないなら、マインドマップを作ってみる。気になったものからどんどん発想を広げ、頭の中や思考経路がわかるような地図を描く。
仕事に取り組むときも、時系列でロードマップを作ればどの時期に何をすべきかが見えてくる。
チームを組んだときは、その組織全体を１つの地図に捉えることで自分がどういうポジションにいて何を求められているのか考えられるのだ。
常に頭の中で地図を描いていれば、必ずゴールへと辿り着けるはず。

II

STARMAP
GEMINI

10

ものごとを
マルチ画面でとらえる

心の中に矛盾するものをたくさん抱えているあなた。
周りからは、そんなあなたが二重人格のように見えることも。
しかし、あなたは嘘をついたり、コロコロと意見を変えているわけではない。
1つの立場や考えに執着しないので、マルチな角度から物事を見ることができるだけ。
これは、他にはない双子座ならではの強みだ。
だから、それを活かしていこう。
頭の中では、常に複数のモニターが表示されている状態。
全体をざっくりと把握することも大切だが、細かいディテールも必要。
逆に、その細かい部分に目をつぶって大胆に行動することも。
情熱と冷静。計算と純粋。表と裏。
仕事においても、常に両方を持っている人が成功する。
たとえば、会社の理念を表とするなら、裏にあるのは社長のお気に入りといった人間関係。でも、実は、社会はどちらか片方だけで成り立っているわけではない。表だけでもなければ、裏だけでもない。
それらを同時に見られること、総合的に判断できることがあなたの良さ。
この特長を活かして、常に、意識して、頭のなかで、マルチ画面をつくりだし、ものごとをとらえるようにしよう。

♊

STARMAP
GEMINI

WORDS

創造し続けようと
思う人間には、
変化しかありえない。
人生は変化であり、
挑戦だ。

マイルス・デイビス　ミュージシャン
1926/5/26 生まれ

「想像の言葉」（いのちの言葉編集部）より

サンクチュアリ出版＝本を読まない人のための出版社

はじめまして。
サンクチュアリ出版 広報部の岩田です。
「本を読まない人のための出版社」…って、なんだソレ！って
思いました？ ありがとうございます。
今から少しだけ自己紹介をさせて下さい。

今、本屋さんに行かない人たちが増えています。
ゲームにアニメ、LINEにfacebook…。
本屋さんに行かなくても、楽しめることはいっぱいあります。

でも、私たちは
「本には人生を変えてしまうほどのすごい力がある。」
そう信じています。

ふと立ち寄った本屋さんで運命の1冊に出会ってしまった時。
衝撃だとか感動だとか、そんな言葉じゃとても表現しきれない程、泣き出しそうな、叫び出しそうな、とんでもない喜びがあります。

この感覚を、ふだん本を読まない人にも
読む楽しさを忘れちゃった人にもいっぱい
味わって欲しい。
だから、私たちは他の出版社がやらない
自分たちだけのやり方で、時間と手間と
愛情をたくさん掛けながら、本を読む
ことの楽しさを伝えていけたらいいなと思っています。

STARMAP
GEMINI

WORDS

海という世界は、
他の世界と同様、
それを確かめようと
するものがあって、
初めて実在するものです。
発見は創造についで
重要な事柄です。

ジャック＝イヴ・クストー　海洋学者
1910/6/11 生まれ

「クストー海の百科」より

STARMAP
GEMINI

何をどう選ぶか?

【決断／選択】

人生は選択の連続だ。
今のあなたは、
過去のあなたの選択の結果であり、
今のあなたの選択が、
未来のあなたを作る。
双子座のあなたは、何を選ぶのか。
どう決断するのか。

Ⅱ

STARMAP
GEMINI

11

迷いを言葉にする

決して感情に流されることなく、常に合理的な判断ができるあなた。
それは、思考を司る風の星に生まれた双子座だから。
あなたが「なんとなく好き」「生理的に嫌い」なんて感覚を抱くことはほとんどない。
好き嫌いにもきちんと理由がある。
だから、基本的に決断や選択で困ることもほとんどない。
でも、もしもそんなあなたが何かで迷っているとするなら、それは何に迷っているのかが明確になっていないから。
そんなときは、まずその迷いを言葉にしてみよう。
迷っているポイントさえわかれば、あなたはメリットやデメリットを客観的に見分けることができる。
そうすれば、自ずと何を選べばいいか判断できるはず。
また、ときにはいろんな角度から物事を見すぎるせいで余計混乱してしまうことも。
そのときは、判断の基準を書き出してそれに優先順位をつけるのだ。
迷いを言葉にして可視化し、優先順位をつけて整理さえしてしまえばもう大丈夫。
次の瞬間から、あなたは迷うことなくベストな選択ができる。

STARMAP
GEMINI

12

誰かを先に走らせる

あのときあと１歩踏み込んでいれば……そう思ったことはないだろうか?
何でもそれなりにできてしまうあなたは、どこかでそこそこでいいと思っている。
自分を客観的に見る能力が高すぎるあまり、無理だと思うことには挑戦しないところがある。
でも、チャンスが目の前にあるのに挑戦しないのはもったいない。
そんなときは、誰かに先を走らせてみて。
似たようなケースで成功している人はいないか。
先に行った人を見て成功のパターンを見つけ出し、より大きな結果へつなげるのだ。
もし先に行った人が失敗しても、そこであきらめる必要はない。
その失敗をもとに、修正点を見つけ出せばいいだけ。
あなたが怖いのは、渡れないことじゃない。
渡れるのか渡れないのかさえ“わからない”ことが何より怖いのだ。
渡れないことがわかれば渡れる方法を。渡れることがわかればより効率的な渡り方を考える。
具体的なイメージさえあれば、あなたは戦略を練ることができる。
戦略を考え始めれば、もう、あなたの心は決まっているでしょう?

STARMAP
GEMINI

13

ときには、
損を引き受けてみる

いつも客観的で、どこか冷めたところのある双子座のあなた。
でも、心のどこかで我を忘れて夢中になったり、自分を捨てて一生懸命になれる人をうらやましく思ったことはないだろうか？
そんなあなたが、もし、何のメリットもないと分かっていて誰かのためにがんばったり、負けるとわかっている勝負や無謀な理想を貫いてみたくなったとき。
そのときは、迷わず従ったほうがいい。
ときには、意識してそちらを選ぶのもありだ。
損して得をとれということを言いたいわけじゃない。
それくらいのことなら、合理的なあなたのことだからもともと考えているはず。
そうじゃなく、本当にデメリットだらけに思える選択肢をあえて選んでみるのだ。
見返りなく誰かに尽くしたり、負け戦を戦うことでしか得られないことがある。
それに、たとえデメリットだらけのものを選んだとしても、あなたの柔軟な対応力をもってすればそこまでひどい状況にはならない。
あえて選択を間違えてみることで、あなたの可能性も広がるのだ。

STARMAP
GEMINI

14

キャンセルしたって
いいんだと考える

この世界に絶対などない。そのことをよく知っている双子座。
だから、常に自然といろんな可能性を考えられる。
ときどきあなたの中に潜むもう１人のあなたが語りかけてくることはないか。
「それは本当にあなたのやりたいこと？」「まだ本気になるには早いんじゃない？」
一定以上まで進むと、とたんに不安に駆られるあなた。
このまま進めば客観性を見失うのではという恐れから、ついブレーキをかけてしまうのだ。
そのおかげで大失敗をすることは少ないが、今までを振り返ってみて「あのときもう1歩先へ進んでいたら」と思ったことはない？
ブレーキをかけそうになったら、キャンセルしてもいいと考えてみよう。
とりあえず付き合ってみて、ダメなら別れる。
試しに働いてみて、合わなかったら転職すればいい。
風のように気ままなあなたは、それくらい気楽に構えているほうがかえって思い切ったことにチャレンジできたり、長続きする。
キャンセルできると考えることで、大きな決断にも踏み切れるはず。

STARMAP
GEMINI

15

後付けで
理由や根拠を考える

双子座のあなたは、客観的に物事を見るのが得意で、ある事象のメリットとデメリットを瞬時に見抜くことができる。
そして、それをもとにすぐさま決断することができる。
しかし、いろんな角度から見られるあまり、本来迷う必要などないところで「これでよかったのか」と思ってしまうことも。
そんなときは、自分で下した決断に対して、根拠を考えて、書き出してみる。
後付けで、理由や根拠を考えてみよう。
買った服と、迷ったけど買わなかった服があったら、それを比べて買った方のいいところと買わなかった方のよくないところを挙げてみる。
別れた恋人より、今の恋人のいいところを見つける。
前の職場では出来なかったけど、転職したからこそできることを書き出してみる。
あなたには、頭ではわかっているのに気持ちがどうしても割り切れないということはほとんどないはず。
たとえ、後付けでも、合理的な理由や根拠さえ見出せれば、あなたはもう迷ったりクヨクヨすることなどない。
気持ちよく、次の一歩を踏み出せるだろう。

STARMAP
GEMINI
WORDS

試みるのに、
早すぎる
ということはない。

ジョン・F・ケネディ　アメリカ大統領
1917/5/29 生まれ

「ケネディ語録」より

STARMAP
GEMINI

WORDS

ここに来るまでは、
ぼくの人生は、
矛盾する
決断の連続でした。

チェ・ゲバラ　革命家
1928/6/14 生まれ

「チェ・ゲバラわが生涯」（角敦子訳）より

♊

STARMAP
GEMINI

壁にぶつかったとき、落ち込んだとき。

【試練／ピンチ】

あなたの力が本当に試されるのはいつか？
失敗したとき、壁にぶつかったとき、
落ち込んだとき……。
でも、大丈夫。
あなたは、あなたのやり方で、
ピンチを脱出できる。

STARMAP
GEMINI

16

自分で自分に
ツッコミを入れる

牡羊座を生まれたての赤ちゃんとするなら、双子座は言葉を覚え始めた子ども。
コミュニケーションや言語を司る双子座は、言葉を通して世界を認識していく。
言葉にすることですべてを相対化していくのだ。
だから、落ち込んでいるときや壁にぶち当たったときにも、その力は発揮される。
もしも今、何かで落ち込んだり困っているなら、その状況を言葉にしてみるのだ。
自分のミスも、自分でマヌケだと言うことで過去のものにしてしまう。
会社でつらい目にあったなら「これがパワハラってやつ?」と笑ってみる。
失恋して悲しくても「悲劇のヒロインかよ」なんてツッコんでみたり。
こんなふうに、自分で自分にツッコミを入れてみよう。
言語化してないときはつらいけれど、言葉にすることで、つらかった自分が、つらかったことが、自分のおもちゃやネタになる。
これは弱点も同じ。弱点と思い気にしていることを言葉にしてネタにすれば、たいした問題じゃなくなったり、かえってアピールポイントになることも。
言葉にすることで、それが自分から離れていく。つらいことも他人事に変わる。
自分で自分にツッコミを入れ、言葉に変えてゆくうちに、気づいたらあなたはつらかった体験を笑い飛ばしてるだろう。

STARMAP
GEMINI

17

外に出かける

風の星であるあなたが行き詰まっているとしたら、それはたいてい動いていないとき。
風は吹くから風なのであって、止まってしまったらそれはもう風じゃなくなってしまう。
落ち込んでいるからといって、家に閉じこもっていても仕方がない。
新しいことを始めなければ、どんどん負のスパイラルにはまってしまうのだ。
そんなときは、多少無理してでも外に出るようにしよう。
あなたには、観察力もコミュニケーション能力も人一倍備わっている。
だから、外に出さえすればいろんなことが起こる。
本屋さんで新しい本を見つけた、いつも行くカフェでおもしろい人を見つけた。
降りたことのない駅で降りてお散歩してみたら、知らない国の雑貨を扱う変わった店を見つけた。
趣味の集まりや友だちと飲みに行けば人脈も情報もどんどん増えてゆくだろうし、そこまでモチベーションが上がらないなら駅前や交差点で人間観察するだけでもいい。
きっとおもしろいことが見つかるはず。
新しい刺激を受けることで、いつの間にか元気な自分になっているだろう。

♊

STARMAP
GEMINI

18

今を途中経過と考える

絶えず変化していく今の状況にも、柔軟に対応していくあなた。
しかし、心の奥底ではこの状況が永遠に続くことはないということを知っている。
双子座がどこか冷めた人に見られてしまうのは、そのせい。
でも、そんな冷静な視点もあなたの武器になる。
落ち込んだときやつらいときにこそ、この視点を活かそう。
本当のあなたは、今の辛い状況がただの通過点でしかないことくらい知っている。
だから、とりあえずやってみただけ。これは仮でしかない。そう考えてみるのだ。
それくらいの適当な気持ちで臨む方が、うまくいくはず。
それでもなかなか気持ちが切り替えられないときは、何か別のことをやってみよう。
新しいことに挑戦することで、今苦しいことも無理やり仮のモノにしてしまうのだ。
耐えよう、がんばらなきゃと考えると、どんどんしんどくなる。
「別にいつ逃げ出してもいい」「これも今だけのこと」
そう思って楽しむくらいの感覚になれれば、ピンチを脱出できる。

♊

STARMAP
GEMINI

19

前提を無理矢理にでも
ひっくり返す

仕事がうまくいかない。学校が楽しくない。
そう思ったときは、まず前提をひっくり返してみよう。
「それってなんのため?」「なんのため?」「なんのため?」を繰り返す。
商談がうまくいかなくて悩んでいるなら、本当に商談がうまくいかなきゃいけないかどうか、考える。
会社でうまくいかないと落ち込むのは、なんのため?→出世するため。それはなんのため?→落ちこぼれやクビにならないため。それはなんのため?→生活のため。
生活のためなら、別に今の会社にこだわる必要はないのかも。
いじめに遭っていたとしたら、なんでいじめがつらいのか?→学校に通いやすくするため。→学校に通わなくてもいいんじゃないか。
悩んだら、こんなふうに、「それってなんのため?」を繰り返してみる。
そして、究極の目的にたどり着いたとき、思い切ってそれをひっくり返してみるのだ。
いったん枠の外から見ればたいしたことないと思えることでも、落ち込んでいるときやピンチのときは、誰しも、その枠のなかだけの視点にとらわれてしまう。
1つの視点にとらわれず、柔軟な思考のできる双子座なら「なんのため?」を繰り返していけば、そのことに気づくはず。
それに、前提をひっくり返していく過程で、それまでは思いつきもしなかった解決策が見いだせるかもしれない。

STARMAP
GEMINI

20

眠ることで生まれ変わる

常にアンテナを張って、情報をキャッチし続けている双子座。
普通の人ならオンオフを使い分けるが、あなたは仕事中もデートや休日でも、常に何本ものアンテナを働かせている。
それは、誰もができることじゃない。
だからこそ双子座のあなたは、知らず知らずのうちに疲れをためてしまう。
とくに精神的な疲れは、自分でも気づかなかったり、表に出すことも少ないからまわりの人にもなかなか気づいてもらえない。
ときどきアンテナをオフにする時間も必要。
でも起きているのにアンテナをオフにしたり、のんびりすることが苦手なら、あなたにとって寝る時間はすごく大事。
落ち込んだときも、寝てしまえばリフレッシュして解決策が浮かんだり、逆にどうでもよくなってしまうはず。
そのために、いかに質の高い睡眠をとるかがポイントになってくるのだ。
寝る１時間前にはお風呂に入って、ホットミルクやカモミールティーを飲む。
朝起きるときも、部屋に朝日が入るようにしておく。
双子座のカストルとポルックスが、不死性を交互に与えられ、１年の半分ずつを地上で生きることを許されたように。
しっかり眠りさえすれば、次の朝には、あなたは新しく生まれたようにリフレッシュすることができる。

Ⅱ
STARMAP
GEMINI

WORDS

あなたのなかと、
あなたの周囲とに
まだ残っている
美しいもののことを
考えるのよ。

アンネ・フランク　「アンネの日記」著者
1929/6/12日生まれ

「アンネの日記」（深町真理子訳）より

STARMAP
GEMINI

WORDS

太古原人の時代に、敵に追っ掛けられるとその場に脱糞して、一つは逃げ出す自分の体を軽くし、一つは追って来る敵にいやな思いをさせたと云う旧い本能が私に宿っているらしい。

内田百閒　作家
1889/5/29 生まれ

「蚤と雷」より

STARMAP
GEMINI

あなたが愛すべき人、あなたを愛してくれる人は誰か？

【人間関係／恋愛】

あなたが愛すべき人はどんな人か？
あなたのことをわかってくれるのは誰？
あなたがあなたらしくいられる人、
あなたを成長させてくれる人。
彼らとより心地いい関係を結ぶには？

STARMAP
GEMINI

21

みんなと
友だち以上恋人未満
の関係をつくろう

特定の人とべったりした関係になることはあまりない双子座。
誰とでも良好な関係を築けるが、まわりからは八方美人だと思われることも。
しかし、八方美人であることを恐れる必要はない。
それは、誰とでも適度な距離感を保てるという証。
友達以上恋人未満。
それがあなたにとって、いちばん心地いい関係なのだ。
だから、男女なら友達以上恋人未満。同性でも知り合い以上親友未満や、同僚以上プライベート未満のように、ほどよい距離を保ってゆこう。
もしかしたら、あなたは自分で自分のことを、人と深く付き合うことができない浅い人間だ、なんて思っているかもしれない。
でも、1人の人と深く付き合うわけじゃないぶんいろんな人の良さを吸収し、それをネットワークにつなげてゆくことができる。
すると、しだいにその数が深さを凌駕してゆくのだ。
しかも、風のように軽やかなあなたは誰かの嫉妬を買うことも少ない。
そんなあなたの魅力を活かし、みんなと友達以上恋人未満の関係をつくってゆこう。

STARMAP
GEMINI

22

風通しのいい関係をつくるために

あなたにとって必要なのは、自由で風通しのいい人間関係。
何も言わなくても通じているような信頼関係より、思ったことを何でも言えるような人をまわりに集めたほうがいい。
ものすごく心配して守ってくれる人や上下関係を大切にするような親分肌の人。そういうウェットな関係じゃなく、率直にものを言い合えるような関係や場を作ってゆこう。
ベタベタはしないけど、仲が悪いわけではなく、率直にものを言い合える。あなたはそのほうが居心地よく感じるはず。
深い絆で結ばれた関係よりも、風通しのいい関係。
職場とか、趣味のサークル、ママ友……どんな場でも、そういう関係性をつくりだそう。
そういう関係をつくるにはどうすればいいか。
まず、自分が率直になる。
相手の辛口な言葉とかも、ストレートに受け止める。変に被害者意識をもったり、裏を読んだりしないで、率直なアドバイスとして受け止める。
いろんなことをどんどんオープンにしてゆく。
誰かと誰かがいるところで、いない人の悪口を言わないで、仲間のなかで、いろんな情報をオープンにしてゆく。
そんな人間関係や居場所を作ることで、あなたは心地よく過ごせるはず。

STARMAP
GEMINI

23

あなたが愛すべき人

誰とでも分け隔てなくいい関係を築けるあなた。
なかでも気が合うのは、あなたと同じようにフットワークの軽い人。
あなたの好奇心をくすぐるユニークな発想や情報を与えてくれる存在やあなたを縛り付けたりせず、ほどよい距離感を保てる人とは一緒にいて楽だと感じるはず。
でも、それ以上にあなたが愛すべき存在がある。
それは、あなたの距離感を超えてくるようなどこか過剰な感じの人。
来るもの拒まず去るもの追わずといったスタンスのあなたは、変わらない愛などないということを知っている。
だからこそ、一方で永遠の愛や特別な存在を信じられる人に憧れも抱いているのだ。
大きな夢を追いかける無謀さ。人を無条件に信じる純粋さ。
そういったものを持っている人たちは、なんでも「ほどほど」「そこそこ」にとどめておきたいあなたにとって、少々うっとうしく思えるかもしれない。
しかし、そういう人が、単に“うまくやる”ということを超えた人生の見方を、あなたに教えてくれるはず。

STARMAP
GEMINI

24

あなたをほんとうに
愛してくれる人

自分では本音で付き合っているつもりなのに要領よく立ち回っているように見られたり、相手のことを考えてした行動も何か裏があるんじゃないかと深読みされてしまったり。
そんな悲しい経験をしたことはないだろうか？
コミュニケーション能力の高い双子座は、たしかにどんな人とでもソツなく付き合える。
そのスマートさゆえ、ウソついているんじゃないかと裏を読まれたり、相手がなかなか心を開いてくれなかったりすることもあるが、実は人一倍本音の関係を求めている。
そんなあなたを本当に愛してくれるのは、あなたの心の裏を読むことなく、本音で付き合ってくれる人。
口が上手いとか嘘が上手いとか、ズル賢いと言われることもある双子座だけど、実際のあなたはその瞬間の真実を率直に口にしているだけ。
ただありのままの本音を口にしているだけだし、相手にもそれを求めているはず。
あなたの瞬間瞬間の気持ちをそのまま理解して、いつも本音で向き合ってくれる人。
そんな人となら、あなたは心から安心することができ、穏やかな気持ちでいられるだろう。

Ⅱ

STARMAP
GEMINI

25

特別な人の存在に気づこう

恋人から「私のことを好きかどうかわからない」なんて言われたことはない?
感情を出すのが苦手なあなたは、どこか冷静さを気取っているように見られがち。
でも、本当は潤いや本物の愛を求めている。
大空を自由に羽ばたく鳥が木立で休むように、あなたにも安心できる場所や包み込んでくれる愛情が必要だ。
本当は心のどこかでそれを求めているのに、自分でも気づいていない。
その特別な感情に気づくかどうかがポイントだ。
あなたには、自分が思っている以上に、特別な人がいる。
あなたが自覚しているより、その感情は奥深いものがある。
実は、その人にすごく依存しているし、救われている。
でも、残念ながらそのことに気づくのは相手を失ってからということも。
そうならないために、まずは自分の思いを言葉にしてみよう。
たとえば、手紙に相手への想いを綴ってみる。
実際に渡せなくても、言葉にするだけで自分の気持ちを再確認できるはず。
毎日日記をつけることで、自分の感情を理解することだって出来るだろう。
言葉にすることで、自分の特別な感情や特別な存在を見失わないようにしよう。

STARMAP
GEMINI

WORDS

騙されないで
人を愛そう
愛されようなんて、
ずいぶん
虫のいいことだ。

川端康成　作家
1899/6/14 生まれ

「女学生」より

STARMAP
GEMINI

WORDS

おねがい、いかないで
おれたちは
食べちゃいたいくらい
おまえを好きなんだ

モーリス・センダック　絵本作家
1928/6/10 生まれ

「かいじゅうたちのいるところ」（じんぐうてるお訳）より

STARMAP
GEMINI

あなたが
あなたらしくあるために
大切にすべきこと。

【心がけ／ルール】

自分らしさって何だろう？
誰もが、もって生まれたものがある。
でも、大人になるうちに、本来の自分を失ってはいないか。
本来もっているはずの自分を発揮するために、
大切にするべきことは？

STARMAP
GEMINI

26

もうひとりの自分を
覚醒させる

ピーター・パンにたとえられることもある双子座。
子どものような無邪気さやフレッシュさ、快活さは、自分でも自覚しているだろう。
でも、実はもっと奥深くにあなたのもう１つの思考が眠っている。
双子座になったカストルとポルックスのように、あなたの中には２人の自分がいる。
子どもと大人、論理と感情、冷静さと情熱……。
自分でもクールでどこか冷めていると思っているかもしれないけど、本当はあたたかな気持ちや情熱もある。
器用なあなたは、今のあなただけで十分にやっていける力があるから、もう１人の自分には自分でも気づいていないのかもしれない。
でも、あなたのなかに眠るもう１人の自分に気づくことができれば、もっと成長することができる。
もう１人の自分を覚醒させる。
そのために、あえて自分の志向とは真逆のことをしてみよう。
邦画ばかり見ているなら外国の映画を観てみる。最新の小説ばかり読んでいるなら、古典を読んでみる。ぺたんこ靴ばかり履いているなら、ヒールを履いてみる。いつも同世代の友人とばかり遊んでいるなら、上の世代や下の世代と交流してみる。今までと全くちがうタイプの人と恋愛してみる。
やりたくない、興味がないと思ったことほど、手を出してみて。
そうすれば、今まで気づかなかった自分の二面性に気づくはず。
そんな二面性を抱えて生きてゆくことで、あなたは新しい場所に飛び立ってゆける。

STARMAP
GEMINI

27

目的意識をもって ネットワークを広げる

フットワークが軽くておしゃべり好き。まわりの空気を読んだリアクションもできる。それゆえ、友だちや知り合いも多い。
そんな双子座は、コミュニケーションの星とも呼ばれる。
でも、単純に人好きというのとは、少々ちがう感覚があるのではないだろうか。
いつも同じ相手と交流しているだけでは、あなたの好奇心やフレッシュな気持ちが満たされない。新しい人から、新しい刺激を受けることが必要。
情報を得たい、一緒に楽しみたい。双子座は、目的意識をもったときに、よりコミュニケーション能力が発揮され、いろんな人とつながれる。
ただ人脈を広げるのでなく、目的意識をもとう。
A さんに仕事のコツを教えてもらう。B さんに取引先の人を紹介してもらう。C さんにおいしいお店を教えてもらう。D さんにおすすめの映画をきく。E さんと一緒にスポーツする。F さんと合コンを開こう。
こんなふうに目的を自覚することで、より積極的にコミュニケーションをとることができる。
情報や利害、同じ楽しみの共有が、あなたを豊かにしてくれる。
そのなかから、本当の友情が芽生えることだってある。
より人脈を広げるには、ポイントとなる人を見つけるといい。
Twitter や Facebook、LINE のような SNS を積極的に活用するのもいい。まわりから見たらバーチャルな薄いつながりも、あなたなら意味のあるネットワークに変えることができる。
きっと、新たな世界を広げるための強い味方になるだろう。

♊

STARMAP
GEMINI

28

ふたつの自分を使いこなせ

自分の中に眠るもうひとりの自分。
それを覚醒させたなら、今度はふたつの自分を使いこなそう。
その場面場面で、使いやすい自分を選ぶのだ。
自分の中にいるもうひとりの自分を、自由に出し入れしてみる。
現実的に金勘定する自分と大きな夢を語る自分。
早く一人前の大人としてしっかりした人になりたいと思う自分と、子ども心を忘れずにいたいと思う自分。
好きな人の気を魅こうと計算してる自分と、自分を犠牲にしてその人に尽くす自分。
そういった自分を交互に行き来してみる。
しかし、ふたつの自分がいてもそれがその場面にあっていなければ疲れてしまう。
積極的に挑戦する場面で慎重な自分が顔を出すと、よけいしんどくなる。
その逆も同じ。だから、自分が楽なほうを選ぼう。
そのシーンに合わせてモードを切り替えると、うまくいく。
何もない状態からただ楽なほうを選ぶのではなく、自分の中にふたつの自分がいるとわかったうえでより楽なほうを選ぶ。
そうすることで、ふたつの自分を使いこなせるようにもなるはず。

STARMAP
GEMINI

29

叶いそうになったら、
目標を変更しよう

双子座は、結果よりプロセス、完成品より未熟さの感じられるものに、より魅かれるところがある。
すごく熱中していたのに完成したとたん興味を失ってしまったり、友だち以上恋人未満のときは楽しかったけど、いざ付き合い始めると退屈してしまったり……。
あなたにもそんな経験があるのではないだろうか。
常に新しいことを求めるあなただから、夢や希望が叶ってからもやる気をキープするのは難しい。
でも、それではいつも同じところで足踏みしてばかり。
だから、あなたがもう一歩踏み込むためには目標を常に変化させることが必要だ。
目標が叶いそうになったら、その前にハードルをもう一段階上げてみよう。
さらに、別の要素や新たな目標をプラスしてみよう。
たとえば、50kg を目標にしていたダイエットを、48kg 目標に切り替える。ダイエットのために始めたマラソンに、新たにタイムや距離の目標を設定したり、大会にエントリーしてみる。
叶ってしまったらモチベーションを失ってしまうので、叶う前に一歩先に考えることが大事。
つねに叶わない目標を持ち続けることで、あなたは飽きることなく目標に向かってゆける。

STARMAP
GEMINI

30

成熟することを恐れないで

年老いてゆくことや、時間をかけて何かを積み重ねること。自分が成長してゆくこと。そういうことに、どこか本能的な拒否感をもっている双子座。
「遅れている」と言われることがすごく嫌だったり、常に新しいものばかりに目が行くのはそのせい。
見るものすべてが新鮮に映ったり、新しいものに好奇心を持って取り組めるのは、あなたのなかに潜む“子ども”のおかげ。
でも、あなたのなかにいるのは子どもだけじゃない。
双子座の守護神・ヘルメスは、若い少年で描かれることが多い。でも、ヒゲを生やした魔術師として描かれることもある。これは、伝統的なものや古い知恵を、双子座のあなたがいかに身につけてゆくか。そんなことを試しているサインかもしれない。
双子座にとって、ときには時間の流れの重みを感じてみることも大きな意味がある。
もしかしたら、あなたは成熟することで、マンネリや保守的になることを恐れているかもしれない。
でも双子座のなかの子どもの部分は、そんなことでなくなったりしない。新鮮な心を持ち続けることができる。
むしろ成熟によって、あなたのなかの子どもはパワーアップする。
時間が流れてゆくことや、年老いてゆくこと。
双子座のあなたなら、変わらない毎日が続いてゆくなかでも、常に新しいものを見出し、新鮮な気持ちを感じ取ることができるはずだから。

STARMAP
GEMINI

WORDS

目的に到達したと
思っちゃいけない。
いつもどこかに
向かう過程だと
思うことだ。

ボブ・ディラン　ミュージシャン
1941/5/24 生まれ

「NO DIRECTION HOME」より

STARMAP
GEMINI
WORDS

あさ、
眼を覚ます
ときの気持は、
面白い。

太宰治　作家
1909/6/19 生まれ

「女生徒」より

STARMAP
GEMINI

後悔なく
生きるために。

【エピローグ】

双子座にとって生きるとはどういうことか？
あなたの未来がより輝くために、
あなたの人生がより豊かなものになるために、
双子座が後悔なく生きてゆくために、大切なこと。

STARMAP
GEMINI

31

ふたつの自分を行き来する

双子座に宿る、相反する「二人」。
子どもと大人。
ウソとほんと。
一瞬と永遠。
冷静さとあたたかさ。
双子座は生まれながらに、
いくつもの矛盾を背負っている。
いまはまだ一人の自分にしか
気づいてないかもしれない。
でも、魂の奥に眠る、
新しい自分が目覚めるときがきっと来る。

「どれがほんとの自分？」
なんて答えは探さなくていい。
どれかを選んで、
どれかを捨てる必要もない。
「ぜんぶ自分！」と開き直って、
いくつもの自分を
自由に行き来すればいい。

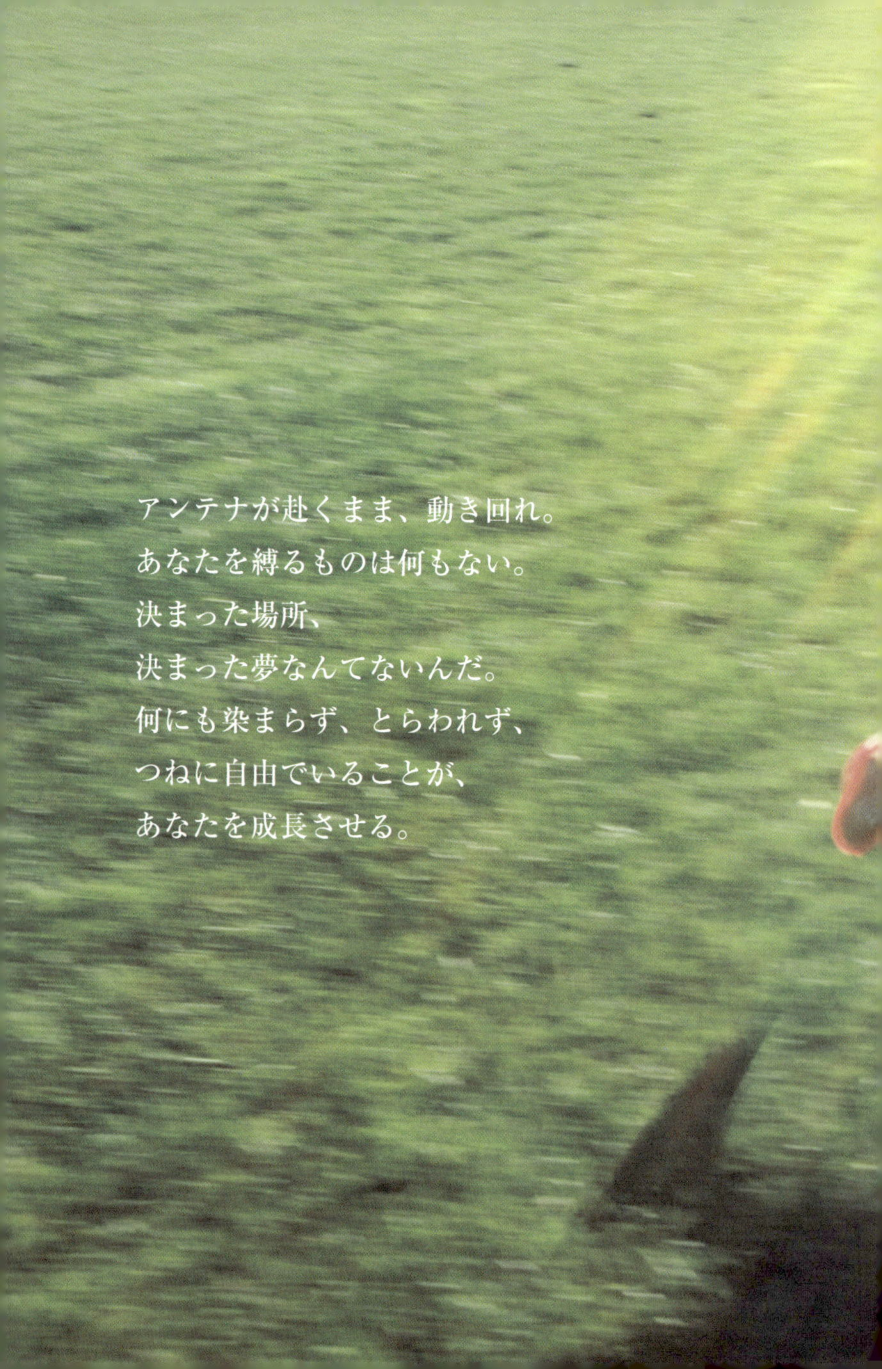

アンテナが赴くまま、動き回れ。
あなたを縛るものは何もない。
決まった場所、
決まった夢なんてないんだ。
何にも染まらず、とらわれず、
つねに自由でいることが、
あなたを成長させる。

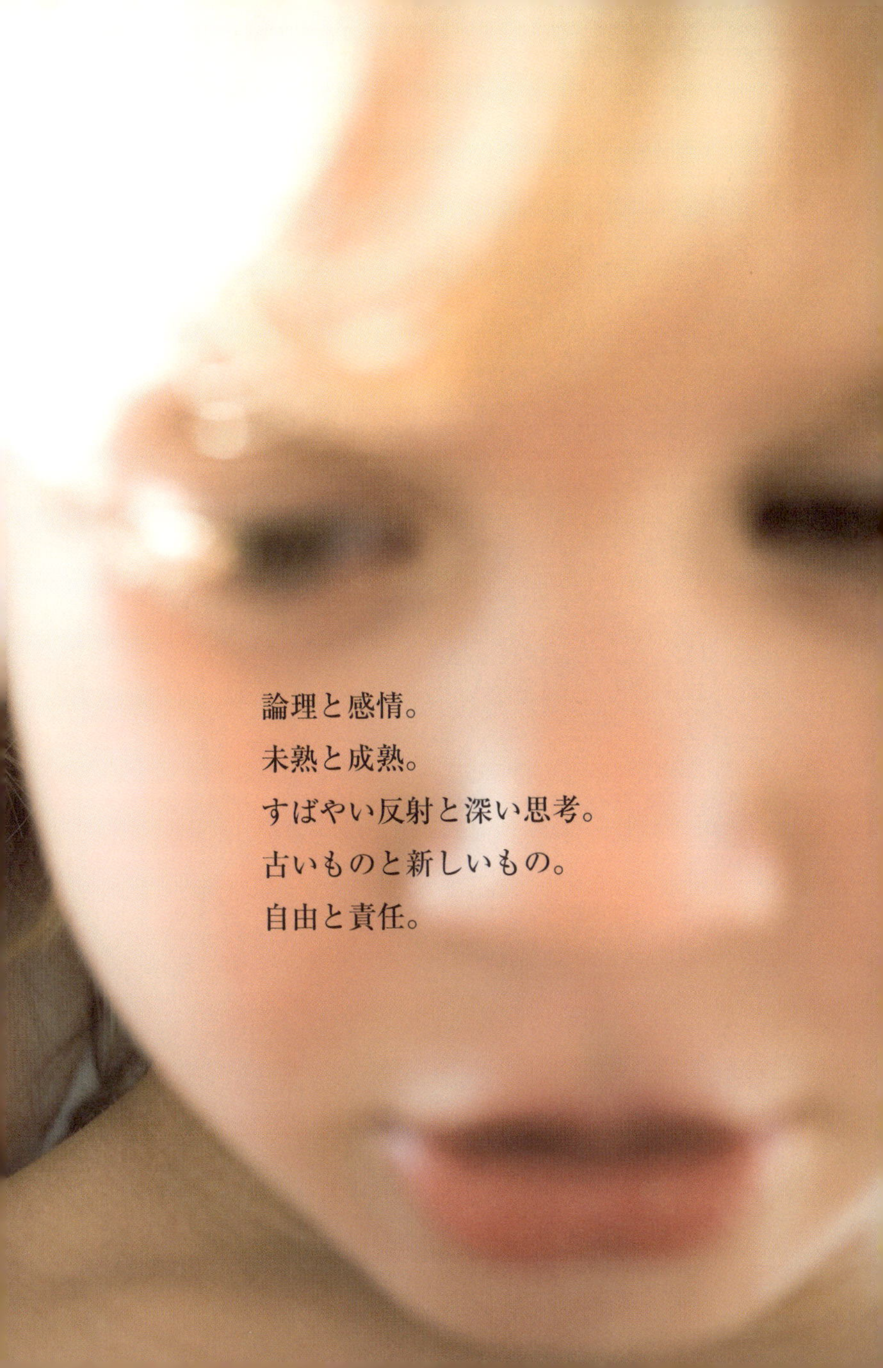

論理と感情。

未熟と成熟。

すばやい反射と深い思考。

古いものと新しいもの。

自由と責任。

どちらも捨てることなく。
どちらにも身をとどめることなく。
古いもののなかに、
新しいものを見出す。
大人の責任をひきうけながら、
子どもみたいな遊び心を失わない。

どこも終着点じゃない。
たどり着いたら、
そこはもう通過点にすぎない。
いくつもの自分の間を、
絶えず、行き来しているその状態。
動き続けている、そのプロセス全部。
それが、あなたそのものだ。

双子座はこの期間に生まれました。

誕生星座というのは、生まれたときに太陽が入っていた星座のこと。
太陽が双子座に入っていた以下の期間に生まれた人が双子座です。
厳密には太陽の動きによって、星座の境界は年によって1〜2日変動しますので、
生まれた年の期間を確認してください。（これ以前は牡牛座、これ以降は蟹座です）

生まれた年	期間（日本時間）
1936	05/21 15:07〜06/21 23:21
1937	05/21 20:57〜06/22 05:11
1938	05/22 02:50〜06/22 11:02
1939	05/22 08:27〜06/22 16:38
1940	05/21 14:23〜06/21 22:35
1941	05/21 20:23〜06/22 04:32
1942	05/22 02:09〜06/22 10:15
1943	05/22 08:03〜06/22 16:11
1944	05/21 13:51〜06/21 22:01
1945	05/21 19:40〜06/22 03:51
1946	05/22 01:34〜06/22 09:43
1947	05/22 07:09〜06/22 15:18
1948	05/21 12:58〜06/21 21:10
1949	05/21 18:51〜06/22 03:02
1950	05/22 00:27〜06/22 08:35
1951	05/22 06:15〜06/22 14:24
1952	05/21 12:04〜06/21 20:12
1953	05/21 17:53〜06/22 01:59
1954	05/21 23:47〜06/22 07:53
1955	05/22 05:24〜06/22 13:31
1956	05/21 11:13〜06/21 19:23
1957	05/21 17:10〜06/22 01:20
1958	05/21 22:51〜06/22 06:56
1959	05/22 04:42〜06/22 12:49
1960	05/21 10:34〜06/21 18:41
1961	05/21 16:22〜06/22 00:29
1962	05/21 22:17〜06/22 06:23
1963	05/22 03:58〜06/22 12:03
1964	05/21 09:50〜06/21 17:56
1965	05/21 15:50〜06/21 23:55
1966	05/21 21:32〜06/22 05:33
1967	05/22 03:18〜06/22 11:22
1968	05/21 09:06〜06/21 17:13
1969	05/21 14:50〜06/21 22:54
1970	05/21 20:38〜06/22 04:42
1971	05/22 02:15〜06/22 10:19
1972	05/21 08:00〜06/21 16:06
1973	05/21 13:54〜06/21 22:00
1974	05/21 19:36〜06/22 03:37
1975	05/22 01:24〜06/22 09:26

生まれた年	期間（日本時間）
1976	05/21 07:21〜06/21 15:24
1977	05/21 13:15〜06/21 21:13
1978	05/21 19:09〜06/22 03:09
1979	05/22 00:54〜06/22 08:56
1980	05/21 06:43〜06/21 14:47
1981	05/21 12:40〜06/21 20:44
1982	05/21 18:23〜06/22 02:23
1983	05/22 00:07〜06/22 08:08
1984	05/21 05:58〜06/21 14:02
1985	05/21 11:43〜06/21 19:44
1986	05/21 17:29〜06/22 01:30
1987	05/21 23:11〜06/22 07:10
1988	05/21 04:57〜06/21 12:56
1989	05/21 10:54〜06/21 18:53
1990	05/21 16:38〜06/22 00:32
1991	05/21 22:21〜06/22 06:18
1992	05/21 04:13〜06/21 12:14
1993	05/21 10:02〜06/21 17:59
1994	05/21 15:49〜06/21 23:47
1995	05/21 21:35〜06/22 05:34
1996	05/21 03:24〜06/21 11:23
1997	05/21 09:19〜06/21 17:20
1998	05/21 15:06〜06/21 23:02
1999	05/21 20:53〜06/22 04:49
2000	05/21 02:50〜06/21 10:47
2001	05/21 08:45〜06/21 16:38
2002	05/21 14:30〜06/21 22:24
2003	05/21 20:13〜06/22 04:10
2004	05/21 02:00〜06/21 09:57
2005	05/21 07:48〜06/21 15:46
2006	05/21 13:32〜06/21 21:25
2007	05/21 19:12〜06/22 03:05
2008	05/21 01:01〜06/21 08:58
2009	05/21 06:51〜06/21 14:44
2010	05/21 12:34〜06/21 20:27
2011	05/21 18:21〜06/22 02:15
2012	05/21 00:15〜06/21 08:08
2013	05/21 06:09〜06/21 14:03
2014	05/21 11:59〜06/21 19:50
2015	05/21 17:45〜06/22 01:37

著者プロフィール

鏡リュウジ

Ryuji Kagami

1968年、京都生まれ。
心理占星術研究家・翻訳家。国際基督教大学卒業、同大学院修士課程修了（比較文化）。
高校時代より、星占い記事を執筆するなど活躍。心理学的アプローチをまじえた占星術を日本で紹介することによって、占いマニア以外の人にも幅広くアピールすることに成功。占星術の第一人者としての地位を確たるものとし、一般女性誌の占い特集では欠くことのできない存在となる。また、大学で教鞭をとるなど、アカデミックな世界での占星術の紹介にも積極的。
英国占星術協会会員、英国職業占星術協会会員、日本トランスパーソナル学会理事、平安女学院大学客員教授などを務める。

STARMAP
GEMINI

双子座の君へ

2013年 5 月 1 日　初版第 1 刷発行
2015年 6 月 1 日　　　第 8 刷発行（累計 4 万 8 千部）

著者　鏡リュウジ

写真　corbis/amana images
デザイン　井上新八
構成　ホシヨミ文庫

発行者　鶴巻謙介
発行・発売　サンクチュアリ出版
〒151-0051
東京都渋谷区千駄ヶ谷 2-38-1
TEL　03-5775-5192　　FAX　03-5775-5193
URL　http://www.sanctuarybooks.jp/
E-mail　info@sanctuarybooks.jp

印刷・製本　萩原印刷株式会社